슈즈를 타고

이태진 시집

문학의전당 시인선
169

슈즈를 타고

이태진 시집

문학의전당

시인의 말

어쩌자고 머리카락은 점점 힘이 없어지는 것일까,
그럼에도 불구하고 머리는 하루에 한 번 감아야 하고,
이제는 반짝이기를 기다려야 한다.

바람보다 빠르게 지나가는 것들을 지켜보고 기록하는 동안
보이지 않는 곳에서 말없이 자라나는 버려진 상처들이
정신을 멈추게 한다.

믿음으로 기도하여 주신 분을 제주 성산 일출봉에서 뵙고 싶다.

바람보다 빠르게 지나가는 일들이

갑옷을 입어도
상처는 바람에 아픔을 남기고

詩가 위로해주기를 기다릴 줄이야

2013년 10월
이태진

차례

제2부

제3부

제4부

제1부

바람꽃

바람 불면
슬픔을 삼켜버리는 당신은
불어도, 불어도 부풀어 오르지 않고
한 점의 구름처럼 그대로인데
왜 나는 커져만 가는 걸까
가까이 있어도 멀리 있는 것처럼 느껴지는
당신은 장미 색깔을 하고
늦은 아침의 봄비를 재촉하는데
지나쳐버린 모든 것에
의미를 부여하지 않고
그대로 있어주는 것
그냥 종이처럼
풍선의 모습을 하고 비어 있어라!

아무도 만나지 못했던 사람처럼

고래와 소녀

허락도 없이 내리는
소나기와 함께
이름 없는 시골길
버스 정거장을 지나
신발에게 미안할 만큼 걷고 있다

검은 고래를 타고 얼마 전
수면 아래로 떠나 행복하다는
소녀에게서 편지가 왔다

도시의 야자수 같은
가로등이 생각난다는 그녀의 말에
한동안 심해의 고요를 떠올렸다

여기는 짐승들로 가득하고
정해놓은 울타리에
갈 곳이 줄어든다

나 같은 사람은
바다가 어울릴 것이다
이런 생각만으로
바다를 향해 가고 있다

아무도 말해주지 않았다는 것에
화내지 말고 욕하지 말고
자기 것만 챙기는 욕심 많은 사람들에게
기분 상하지 말고 험담하지 말고
가는 길에 만족하며

바다 속에서
행복하게 살고 있을
고래와 소녀를 만나
바다 속 이야기를 듣는다면
차가운 물 숨쉬기가 어려워도
참고 견디며 잠수하고 싶다

창문에 기대어

쉴 틈 없이 들려오는 소리
실루엣으로 살짝 가려주는 일
설레게 하던 하늘을 작은 액자에
차곡차곡 그려 두는 일

한밤에 문득 찾아오는 애인
비밀의 대화를 할 수 있는 일

벽의 입장에서는 안 될 말이지만
창문 하나 더 내야겠소

빗방울이 자꾸 들어오려고 해요

저 멀리 안드로메다 외계인이 우주선을
발사하는 장면을 생중계해주는 일

천만 년 떨어진 그대에게 사랑한다고 외치는 일

별이 보이고 창문에 비친 그대가 보이고
낯선 사람들이 거리를 지나가고
정거장에 기다리는
사람을 보여주는 일

열리고 닫을 수 있다
이 작은 마음처럼

말이 없던 소년은
창문의 하늘을 보는 것이 좋았다

심야의 산책

1

유리 탈의실에서 옷을 갈아입는 듯
숨길 수 없는 다른 모습을 보여주며 세월이 간다
허공에서 사라지는 울림통의 맥박을 아쉬워하며
몸속에서 슬며시 달아오르는 취기를 앞에 두고서야
마술 장면에 놀라는 기분으로 속고 웃는다

2

누군가 담을 넘었나 보다
개 짖는 소리 들리고
밤하늘
달만 덩그렇게 내려다보고 있다
참, 개소리 우렁차다
컹컹, 컹컹컹
개를 발로 찼는지
깨갱거리는 소리 들린 듯하다가
더욱 커지는 개 짖는 소리
야심한 밤에 주인은 뭐하는지

개야, 개야
주인은 몰라도
개 짖는 소리 우렁차다

3
휴일 저녁 공원에 나온 사람들의 편안한 옷차림
여유 있는 모습들 속에서 지친 나를 잊고자
같은 방향의 움직임으로 걷게 된다
무엇이 나를 이토록 힘들게 하는지
생각하면 기회가 주어질 수 없음에 슬퍼했고
해결할 수 없는 고민이 상처로 남는다

반복이 지루하고 신나지 않더라도
신호등 색깔이 변하면 가야 하는 것처럼
목적지를 향하여 혼자 걸으며
공원에 나온 사람들과 함께
밤이 깊었다

도시의 연민(憐憫)

검은색 사이로 흔들리는 노란 달 외롭다
하나, 둘 불 밝힌 밤하늘
곳곳에 숨어 있는 태초의 흔적들
신호등같이 반복되는 피난의 술잔
절벽으로 밀어대는 문자들
오해의 연속으로 피멍 들고
출구 없는 미로 속에 공 하나 떠돈다

당신도 아픈 사람입니까?
아니요, 나는 괜찮아요

비오는 거리에서
가난한 가방을 안고
시외버스터미널 우등 버스에
몸을 싣는다

당신은 누구를 만나러 가십니까?
새로운 사람을 만나러 갑니다

점점이 불 밝힌

도시의 야경이 아름답다

작은 등불이 되고 싶다

오늘도 외로울 수밖에 없는 하루의 휴식
화분에 물을 주며 여유를 찾는 순간
정처 없이 흐르고 있는 구름이
바람의 힘이라는 것을 느낀다

혼자서 자라고
시들지 않게 물을 주어야 하는
주변의 식물들처럼
사소한 감정에 관심을 기울이는
오피스텔의 늦은 오후

등 뒤에 작은 등불을 켜는 시간
어둠의 그림자
허무의 올가미를
씌우기 전
어서 빨리 등불을 켜야 한다

어둠 속에서

작은 등불이 밝혀주는

작은 섬 하나

그 안에서

안빈낙도(安貧樂道)하리라

당신을 기억하고 있어

좋아해, 그 한마디를 하지 못하고
비오는 거리에서
무작정 기다렸었지
동성로, 서점이 하나 있고
은행, 패션의 거리, 도시의 중심에서
작은 인형을 선물하고 싶었어

한두 번 약속이나
한 것처럼 우연히
길을 가다 인사하고
한동안 못 만나다
하룻밤을 함께하고
돌아오는 그 집 앞
그 이후로
만날 수 없는 사람

사라지지 않는 포옹의 습관처럼
추억 속의 그 사람

말없이 내 안에 남아서

잊으려 할수록

회상의 꽃을 피우네

달만큼 큰 미소의 그녀

달이 지는 바위틈 사이
비단잉어 한 마리 살고 있다
가끔 손을 넣어 만져보려 하면
유유히 몸을 흔들며
하얀 살을 보여주기만 하는
너무 커져버린 몸을 가진 너
처음에는 작았을 몸을
반쯤 보여주고
물속으로 사라져버린다

누구나 한번쯤
비단잉어를 보고는
잡으려 하기도 하고
무언가를 넣어서
못살게 굴기도 하겠지

달이 지면 슬그머니
먼 곳의 구름을 보고

수면에 떠 있는
자신의 모습을 사랑하겠지

바위틈 아래
어떠한 사랑도
간직하지 말고

아름답게
살고 있어라

숨소리를 기억해

늘 새로운 것을 좋아하는 이 녀석은
상대할 것이 못 된다
좀처럼 쉽게 물러서지 않고
뾰족한 끝으로
드르륵드르륵
붉은 냄새, 씻겨 나오는 가루들

약해질수록
주체하지 못하고 끝을 봐야 하는
못된 녀석은 언제나 새로운 날을 세우고
요란한 소리로 씩씩거린다
비열한 녀석을 다루는 것은
무자비한 카인의 후예들

자꾸 뚫으려 하는 짓이
짐짓 운명인지 실수인지
구멍으로 삶을 빨려들게 만드는
숨통 하나 만들어버린 신의 작품

돌아오지 못할

육신의 기억만을 남긴 채

숨소리를 내려놓고 하늘로 떠나간다

슈즈를 타고

슈즈 광택을 내기 위한 다양한 방법을 연구하는 것은
작은 발이 어색해 보여서일까
상실감에 대한 역설일까 생각해보다가
어느 순간, 광택은 계급과도 같다는 생각에
거리의 신발을 유심히 살펴보다가
신발은 언제나 두 개가 하나라는 사실을 알게 되었지
사랑에 목마를수록 광택에 열광하였고
이별이 많을수록 상처투성이 슈즈는 조용히 잊혀 갔어

슬픔을 신발 끈에 묶어 두고
군중 속으로 묻히고 싶은 도시에서
구두약을 바르고 마른 헝겊으로
슥삭 슥삭 정성들여 문질러 광택을 내는 일은
사랑하는 사람과
반짝이는 슈즈를 타고
강물 위를 날아가고 싶은 꿈

마법의 시간

책은 광고를 봐야 하는 이유도 없다 보고 싶은 책은 이제 편하게 찾아볼 수 있다 현재 시간을 알리는 기계 소리 잠재우고 책장 속 선인장이 꽃을 피우는 계절, 황금빛 햇살이 살고 있는 사막의 오아시스를 지나 프로방스의 별들과 알프스 양떼와 이야기를 나누고 싶다 언어의 생명력은 어디서 시작하는지 문장의 힘은 어떻게 살려야 하는지 세상을 여행하고 싶은 일요일 깊은 밤에 때로는 말없이 펜의 역습을 꿈꾼다

많이 본 기사 1

베란다 세탁기에 옷을 넣는다 세제를 넣고 식탁에 앉아 오늘 일정을 핸드폰으로 확인한다 새벽에 길 떠난 사람의 흔적을 지우고 슬며시 집을 빠져나온다 상가의 간판이 요란 시끌벅적한 거리에 까만 선글라스는 매혹적이다 오후 2시 가방 속 술병을 꺼내어 지나가는 소년에게 건네준다 장난기 많은 아이가 술병을 들고 가다가 깨버린다 나이, 주소 불명의 숨겨진 비밀이 누군가의 손에 건네지면서 아뿔싸, 자신이 마신 술병 속에 마약을 숨기고 편지를 숨기고 권총을 숨기고 기억을 숨기고 립스틱 자국을 숨기고, 숨기고! 오후 2시 누군가를 기다리고 있었구나

많이 본 기사 2

보일러 기름통에 바닥이 보일 때쯤 감기약 두 개를 집어 삼키고 엘리베이터 안으로 들어간다 오후 3시 길은 조용한 십자가 햇빛마저 추워서 구름 뒤에 숨어버린 암흑의 도로 위에 쇳덩이가 불을 뿜고 소리를 지르며 삽시간에 정지한다 빨간 신호 빨간 흔적 흰 줄 사이에 누워버린 노인 식어버린 엔진의 절정을 아쉬워하는 젊은 남녀 가죽의 핸들을 만지고 보석의 가방을 만지고 맨살의 가슴을 만지고 돌이킬 수 없는 키스에 눈을 감았구나! 처절하게 괴로울 때 어느 노인의 주검을 생각해보렴 욕망의 노예여 속절없는 에로스여 지옥의 하수인이여!

멈춘 기차

나날이 병들어가는
전쟁터 같은 황야에서도
집으로 갈 수 있다는
약속은 없다

마지막 기차 시간이 지나고
텅 빈 안내판을 바라보다
집으로 가는 길을
잊어버릴지도 모른다는 불안감에
공중전화를 찾고
지갑 속 동전을 찾고
동그랗게 시간이 지나면

대전역은 슬며시 잠이 들고
정하지 못한 약속을 보내고
도시에 완전한 어둠이 찾아온다

제2부

집으로

황제처럼 살자고 했지
시간이 흘러 비밀번호가 변경되고
작은 금고들이 하나둘 늘어나면서
옷장 속 깊은 주머니 속으로
자신을 숨겨오며 변해갔지
사방팔방 돌아다니고 집을 비웠지

세월이 가고
어느새
아이들만 지키는 집이 되었어

물가인상에
주름은 깊어가고
꿈에도 남을
통장 잔고

새로운 택배 박스가
눈처럼 쌓인다

본능

아프리카 메마른 초원에
죽도록 달리는 사슴 한 마리
무리 지어 사자를 공격하지 못할까
바보가 아닐까 고민하다가
한 마리의 사슴을 거울 속에서 발견한다

바퀴 네 개 달린 고래를 타고
신나게 달린다면 생존하겠지

인간이 처음 삐삐를 만들었을 때
공중전화를 찾아야 했어
손 안에 전화기를 만들었을 때
한 사람에 한 개씩 가지기 시작했지
사슴이 되지 않기 위해

자연

고요하니 구르는 강
내리나니 녹아버린 눈
동그라니 달려 있는 달
보고나니 보고 싶은 별

뱃사공은 밭을 갈고
소나무 위에 세 마리 학
구름 위를 걷는다

아름다운 조화
한 폭의 그림에 담겨 있다

이슬방울에 동이 트다

사분의삼박자는 맞지 않아
사분의사박자로 흐르는 거야
하루를 시작하는 익숙한
음악으로 즐거워지는 시간
아침은 소중하다

새벽은 준비하는 자에게 허락하지만
누구나 맞이하는 상쾌한 기분은
치열하게 짜이는 빈틈없는 거미줄 속에서
이슬방울이 반가울 수 있다
아주 작고 작을지라도

하나
둘
셋
넷
달리는 창밖으로 하늘을 봐
우리가 알 수 없는 저 구름 위를

사람들이 지나가는 나를 봐
알지도 못하면서 비교하지
리듬을 잃지 않으려 노력할 뿐
늘 그랬던 것처럼

음영(陰影)

303동 303호
새벽 두 시에 불이 꺼지면

누가 살고 있을까
마주보면서 한 번도 만나지 못한 사람
하얀색 자동차 주인일지
상가2층 미용실 단골손님일지
수영장 정기 회원일지

사각형 모양의 아파트에는
조명 사이로 움직이는 소리가 들린다

303동 303호 그림자처럼
이사 가는 날에도 만나지 못했다

혼자 있는 시간

무너져가는 자신과 마주하는 것은
여행하는 기억이 남아서
간이역에 쉬지도 않고
달리고 싶은 차표 없는 이방인
싫어도 좋은 듯
미워도 사랑스러운 듯
나와 마주하고 있는 순간에도
수많은 이야기는 흔적을 남긴다

성주 참외를 먹으며
하고 싶었던 이야기
오래전 사진들
새로운 소식 인기 검색어
넓은 화면과 마주보며
10월 어느 하루를 써내려간다

지내온 날들

반복의 일상에서
새롭게 한두 번
즐거움을 가질 수 있는 것은
오래 되어가는 시간에 대한
만남이며 새로움이다

허무함의 반성이며
노력의 결과이며
인간에게 주어진 선물이며
누구에게나 가질 수 있는
특별한 보상이다

새로운 기능을 추가한 신제품처럼
오래되어 갈수록
삶의 즐거움은
지혜를 쌓아가는 것이다

아름다운 동행

바람이 붓을 삼아
아스팔트 위에 수채화를 남길 때
돌아올 수 없는 이사를 준비한다

책이랑, 이불이랑
버릴 것 남길 것
박스에 봉투에 쌓아둔 먼지에
다섯 번의 이사를 견뎌온
쓸모 있는 소품들 차에 실리면
새로운 곳으로 이사를 가겠지

오래 묵은
김치가 쉴 때쯤이면
슬슬 시큼한 냄새
다시금 새어나올 것이다

빈 그릇 위의 뼈다귀

잔인하다는 느낌을
굳이 다르게 표현하자면
여러 가지 단어가 있겠지만
그릇 두 개, 탕 하나
뜨거운 국물에 모든 살을 뜯기고서야
빈 그릇에 뎅그렁
버려지는 뼈다귀만큼이나 할까 생각해본다

뼈다귀 하나 젓가락으로 도려내면서
먹어야 하는 사람과
펄펄 끓여야 하는 요리사와
주방 뒤에 쌓여가는 뼈다귀

우리의 모습이 아닐까 생각해본다

별

햇살 좋은
나무에 기대어

온종일 꿈속을
여행하고 살아가는

밤하늘 뭉게구름
욕심쟁이 코알라

날아라, 담쟁이

작은 벽 하나에 스며들어 담쟁이가 되었다
구름이 그림자를 가려주는 결전의 그날
흙에서 뿌리로 스며들어
거센 물줄기를 이겨낸다

수직의 힘이 담쟁이 잎을 내리치고
수평의 거센 힘마저 작은 벽을 공격할 때
벽은 담쟁이와 함께했다

긴 폭풍이 지나고 햇살 좋은 아침
벽에 새로운 잎들이 기대어 서고
균열되어 가는 벽을 담쟁이들이
막아주었다

어린 담쟁이가 벽에 기대어 숲을 이루었고
들풀들은 따라가지 못했다

벽을 향한 담쟁이의 소명(召命)

적벽대전(赤壁大戰)의 승리보다
위대하고 장엄하다

신라인 혜초

고원의 밤이슬을 발에 두고
낙타와 함께 거닐던 여행자
종이를 베게 삼아
별을 헤아리며
주강을 따라 바다로 간다

묵언의 고된 수행
존재하는 모든 것들이
썩지 않을 바람의 사막
죽음을 건너 순례의 길을 열었다

'실크로드와 돈황'의 이름으로
천이백 년의 시공을 건너
현실에 전시되다

연분홍 치마

둥근 공 하나를 가지고
열심인 것은
공에 대한 집착일까
빼앗기지 않으려는 욕심일까

큰 소를 고삐 하나로
움직이게 하는 것은
익숙해진 습성일까
주인에 대한 복종일까

지극히 평범하고 여린 사람들의 사랑은
꽃을 즐기는 나비들처럼 아름답다

그러지마, 제발

햇빛 한 점 없는
어둡고 쓸쓸한 버려진 창고에
가끔 문을 열고
비밀과 더러운 것들만 채우는
금수(禽獸)도 바라는 게 하나 있다
창고에 꽃이 피기를

감옥을 가고 싶은 사람
주식, 부동산, 지갑은 비어 있다
과소비에만 신경 쓰는 자존심
관심 한 번 주지 않는 허름한 창고
아름다운 꽃이 피기를 간절히 소망한다

바라고 바랄 뿐이지만
위험한 기회는
번개보다 못하다

제3부

시시하지 않은 일

반복되는 일상이지만 우리의 삶은 집중할 수 없다는 것을 잘 알고 있다
할 일 많은 사람들에게 시집 한 권 선물 한다고 시인을 반가워하지 않는다

얼마나 오랫동안
집중해야 하는지 모르고 하는 말
얼마나 긴 생각을
해야 하는지 알지도 못하는 말
얼마나 많은 집중으로
삶을 이해하려 하는지 생각지도 않고 하는 말

오늘도 난 집중하려 한다
언제 또 잊힐지 모르니

깊고 깊은

샘이 마른
우물에
구름이 없듯이

목마른 사슴

늑대를
만나 도망갔다

아시다시피

햇빛처럼 살고 싶은데
아시다시피
안개 속의 심정으로는 알 수 없지요

무엇을 깨닫고 경험했지만
아시다시피
쌓인 눈바람에 날리듯
묻혀버리지요

오래, 오래 붙잡고 싶었지만
아시다시피
손을 흔들지요
우리 모두
아시다시피 마주하며 살지요

달빛 초원

푸른 초원 저 멀리
오늘 이 시간을 위하여
기다려온 순정의 이름이여

작고도 아름답거나
화려하게 빛을 발하는
구름 사이로 숨어 있다가
금세 뛰쳐나온 새싹처럼
개울목 돌다리 하얀 이마 같은
달빛을 맞이하면
한 삼 일을 못 넘기고 또 보고 싶겠지

푸른 초원에
사랑의 장미를 심어놓고
넓고 넓은 화단을 준비하겠어

오늘 이 시간
길고도 짧은 오늘 이 시간

영원히 기다려볼까
달빛 초원에서

감탄

저절로 피고
지는 꽃을 보면
자연스러움에
감탄할 수 있다

화단 경계석에
뿌리가 없다는 것도
꽃의 아름다움에
자유를 부여한다

새벽 한 시 반
가로등 불빛에 아롱거리는
목련 잎은 별보다 빛난다

남몰래 피는
꽃의 자유를 누가 탄식할까!

핑크로즈

깊고 높은
어느 초원에서는
비가 오면
축제를 연다지

춤을 추다
등이 맞닿은 남녀가
깊은 사랑의 뿌리를
비처럼 적시면

빗소리 날리며
핑크로즈
한 송이 탄생한다지

소설의 주인공

이름 모를 수많은 책들의 한 페이지 한 페이지를 붙이고 만들어서 큰 새 모양으로 하늘을 날 수 있으면 좋겠다 눈이 너무 많은 북쪽 백야의 어느 계곡에 앉아 잠시 숨어도 보고 갠지스 강 길고 긴 강줄기를 따라 슬픔에 젖어도 보고 킬리만자로 표범의 품에 안겨 드넓은 평야를 한없이 달려보고 싶다 푸른 밤에 홀로 우는 처량한 신세는 슬프도록 아름다운 백조의 날개를 하고 있어도 소용이 없다 겨울 철새처럼 살아가야 하는 주인공에게도 사랑은 소설이다

빨간 소독약

가만히 두면 말라가는 빨래처럼
우리의 상처도 바람에 맡겨두고
몸이 가는 것이 아닌
마음의 여행을 떠났으면
한적한 산에 멋있게 자라나는
나무처럼 잔설에 아랑곳하지 않고
그 넓은 하늘을 지탱하며
서 있는 풍채를 닮아가며
천년은 족히 견뎌낼 위엄을 가지고

껍질을 벗겨보면 아무것도 없는
포장지 속의 빈 상자처럼
당신에게 주어지는 것은
빈 수레인 것을
이제 그만 수레바퀴를 멈추고
요란한 소리도 멈추고
느티나무 그늘 아래 쉬었으면
상처에 빨간 약이 마를 때까지

강릉 푸른 바다

가로등 없는 거리
땅거미들이 내려와
말없는 파티를 열고
소나무도 잠이 들려는
늦은 시간

밤꽃 향기
진주보다 달콤하다
고통을 견디게 하는
양귀비꽃 몰래 피고

한밤의 라디오
이국적인 음성의 아나운서가
장마가 두고 간 더위를
이야기한다

경포대의 밤은
커피 향기에 식을 줄 모르고

자전거 마차에 몸을 싣고
해변으로 달린다

독야청청(獨也靑靑)

밤은 깊어가고
시베리아의 매서운 바람이
내게로 온다

아무것도 가진 것이 없는
솜털 같은 나에게로
바람이 온다

방패를 준비할까
두툼한 옷을 준비할까
피할 수 없는 바람이
내게로 와서
무성영화의 주인공처럼 되어간다

그 바람을 따라다니는
철새들이 떠나고
갈대가 손을 흔든다

적도의 바람을 맞서는
성산일출봉의 소나무처럼
살아가리라

방황

어디로 가야 하는지
오랫동안 고민했었다
초등학교 시절 좋아했던
아이를 만나러 가야 한다면
허공에 막대기를 매달아
빙빙 돌리다
멈춘 방향으로 가야 하는지
언제나 그게 숙제였다
어디로 가야 하는지
목표를 찾는다는 것이 헛발질이다

무수한 연잎 배의 강줄기는
어디로 가야 하는지
정해져 있지만
우리의 삶은 어디로 가야 하는지

어디로 가야
당신을 만날 수 있는지

마흔 나이에

너무 멀리 왔다고 느껴진다
어느 곳에서부터 시작하였는지
귀가할 수 없는 초조함에
새벽이 낮이고 밤이 짧아진다
이름을 기억해주는 사람이
반가운 나이가 되어 스물의 곱이 되었으니
다시 시작하는 마음으로 살아야 하겠다
마흔에 다다르니 서운하기도 하지만
나잇값을 계산해보니 저절로 웃음이 난다

여든까지 산다고 하면
앞으로 한 바퀴는 더 남은 셈이니
이제라도 실수하지 말고
서른이나 적은 아이들에게 불평 듣지 말고
한 가지라도 믿음을 줄 수 있는
마흔의 사람이 되기를 소망한다

눈이 오신다

하얀 눈
내리면

마음이
착해진다는 말
거짓말이죠

하늘에서는 백색으로
땅에서는 환영받지
못한 손님처럼

곱게 쌓이면
예쁜 눈꽃이 되지만
복잡한 길 위에
무심히 밟히다 보면
발자국에 상처가 패이듯

푸른 새벽이 좋았어요!

아무도 모르니
눈 오는 모습 그대로
하얀 세상으로 남으니까요

눈처럼 봄꽃이 피지만
하얗게, 하얗게 내리고
빨리 흔적을 남겨야 합니다

음지와 양지의 차이는
눈이 오면 알 수 있지요

별아 별아

태초부터 어두운 곳에서
삐지기 문 열고 들어오는
밝은 빛
아무도 없는 곳에서
별은 그렇게 해서
빛났다
시작도 없고
끝도 없이

별의 소리가
들리지 않는다

역사를 알고 있는
별이 침묵하고 있다

그것만으로
세상은 고요하다

제4부

살아 있었니

아주 오래전 잊고 지낸 사람
얼떨결
그냥 지나치다가

꼭 한마디 남기고 싶었지만

어!
한마디 남기고 지나갔지
한동안 생각해오던 한마디가 있어 이렇게 글을 남겨

한동안 잊고 지냈어
내 안의 너!

뒤에 서는 아이

줄을 서면 늘 뒤에 서는 아이가 있었다
앞에 서는 것이 습관이 되지 않아서인지
뒤에만 서는 아이는 조용히 서 있기만 했다

시간이 흘러 어느덧 뒤에 선다는 것이
무엇을 의미하는 것인지 알고 난 후에도
늘 뒤에 있는 것이 편안해 보였다

주위의 시선과 관심에서 멀어져가는 것을
왜 그리도 익숙해 하는지
도무지 이해할 수 없었지만
뒤에 선다는 것이 꼭 나쁜 것만이 아니라는 것을
침묵으로 대변하고 있다

웃음과 슬픔

웃음과 슬픔은 빈 칸 차이
하나의 네모 안에 채우고 또 채우고

아침에 일어나서 세수하고
즐겨 입는 옷으로
갈아입고 하듯이

익숙해진 길은 쉽게 가지만
처음 가는 곳을 가야 하는
그 새로움과 헷갈림의 교차점

그래도 가야 하지 빈칸을 채우며
길 찾기에 즐거워해야지
웃음과 슬픔이
하나가 될 때까지

술잔과 시인

술잔을 기울이면서
뚝뚝 떨어지는 빗방울 소리를 들어보았는가
시집 한 권에 담겨진 시인의 술병이
또 한 잔을 권하는가!

밤의 고뇌를
노래하는 마음으로 마시며 한 잔의 술을 비울 때
시집 한 권 읽는 것처럼 짠하게 느껴지는가
독할 수도 있고 달콤할 수도 있고
요상한 술도 있는 것처럼
한 잔의 시를 읽다보면 몸속으로 스며드는 숙성된 술기운
우리는 술처럼 오래도록 차가워야 해 투명해야 하고
우리는 시처럼 거짓이 없어야 해 기다려야 하고
짧고도 강렬하게 아껴서 말해야 해
이해할 수 있게

세계 여행하듯이

다양하게 마셔가며 음미할 수 있게
너무도 진하게 남겨야 해
술병과 시집 한 권
한 잔에 취할 수 있게

노을의 눈동자

열정이 식지 않을 때
뜨거운 가슴을 풀어헤치고 저 멀리 산이 없고
물이 없는 무한평지에서 끝없이 달려도 보고
별이 없고 달이 없는 구름 위에서
한없이 떨어져보고 개뿔도 없고 소꼬리도 없는
인적 없는 마을에서 살아도 보고
그래도 안 되면
차라리 미친 척 방랑하리라

그래도 안 되면
깊고 넓은 동굴 속으로 들어가
귀 막고 입 막고 어둠 속에서 잊히리라

아무 일도 없었던 것처럼
예술이 인정받는 시대에
열정이 성공하는 시대에
다시 태어나기를 바라며

요상한 꿈

내가 힘든 건지 세상이 힘든 건지
세상이 힘든 건지 내가 힘들게 사는 건지
세상은 즐거운데 나만 슬픈 건지
세상은 아름다운데 내가 못 느끼는 건지
세상은 편해질 수 있는데 나만 넓은 세상을 끝도 없이 걷는다

어제 꿈을 꾸었지 내가 잡은 여우가 나를 잡아먹는 꿈이었다 깜깜한 뱃속에서 서서히 썩어가는 나의 모습이었다 나는 그 속에서 여우의 영양이 되어주고 여우의 노리개가 되어 주었다 재미있는 얘기도 들려주고 그러면서 시간이 갔다 결국 여우만 살찌고 나는 늙어가고 있었다

추풍령 지나서

추풍령 고개 너머
비구름이 넘지 못하는 곳
작은 생물체가 서슴없이 넘는다

경부고속도로 상행선
김천을 지나 영동터널을 지나면
굵은 비가 내린다

내비게이션 안내에 따라
속도를 줄이면서
안개도 조심해야 하고
금강의 경치도 구경해야 한다

대청호를 지나면 길은 달라진다
휴게소가 커지고
차들이 많아지고
느리게 달리는 자동차들이
경주하듯이 달린다

오동나무에 기대어 핀 능소화

어둠이 공포를 불러와 불안을 만들고
흔들거리는 춤을 만들지
상처가 달콤한 약을 만들고
높이 나는 새가 소리를 내지

수묵화에 담긴 잉어는
액자에서 뛰쳐나오려고
몸을 꿈틀거린다

돌아가
그냥 잊어버려

잊을 수 없는 사랑은
상처를 남기고
바다로 간다

당신이 반지를 끼워주기 위해 내민 두 손

저 새소리는 누가 들을까

듣고 싶은 사람은 없지만

새는 대화를 하고 싶다

잠이 없는 사람에게

새벽의 고요를 깨는 새소리는 새롭다

놀라운 일이 벌어지는 걸까

새소리가 들리고

당신의 속마음이 보이고

자꾸 떠오르는 웃는 얼굴

사랑에 빠진 가로등

꺼지지 않고

남아 있다

무엇하러 여기까지 왔나요

바다가 보이는 술집에서
변해버린 안부를 적어 보낸다
정박해 있는 배의 깃발들이
생각을 열고 닫을 수 있는 창문 틈 사이로
펄럭인다

등대 옆에는 사진을 찍어대는 여행객
갈매기가 실룩실룩하며
힐끗 쳐다만 보고 간다

중국 어선이 보내온
국적 없는 갑오징어
먹물을 발사한다
갯벌 속 조개들이
대야에 잠겨 잠을 자고
꽃게는 배를 보인 채
처량하게 누워 있다

문전성시를 이루며
베트남 주부들이
오징어를 굽고
집 나온 여학생이
군밤을 팔러 나왔다

물이 차오르고
잡혀온 모든 이들의
종착역

딸꾹질하는
폭죽 소리 요란하다

춘자야, 손님 왔다

주말에 심한
바람이 온다고 전화가 왔다

흰 바지를 입은 목련은
새로운 영화에 출연하게 되어
새벽에 사라졌다

바람이 여지없이
꽃을 떨구는 4월의 향연
봄바람에 물비늘이 살아 있다

늘 푸른 소나무 하고
당장 단풍나무를 시집보내야 한다고
햇살이 송사리 떼를 불러 모아 교육 중이다

분주한 봄바람에
비행기는 오늘도 예약 불가
제주도 바람이 한라산에 걸려

비행기를 날리지 못했다고
유채꽃 패랭이꽃들과 난리들이다

돌하르방의 가격이 금괴처럼 올랐다는 소식을
기다리지 못하고 뭍에 오른 해녀
배에서 육지만 생각했어요!

자연도 바쁘고
사람도 바쁘네

성주군 가천면

돌담 넘어
누나 도시락 챙겨주고
비 오면 우산 가져가고
강둑에서 고기 잡던 시절

큰집 식구
여름휴가 오면
신나게 튜브 타고
참외 먹고 수박 먹던 곳

방 두 칸, 부엌 하나
대문에 문패 하나, 감나무
성당의 종소리가 들리던 곳

초등학교 입학식 날
하얀 손수건 달면서
고향집을 떠나왔다

이십 년의 세월이 흐른 후
어린 시절의 모습을 보고 싶어
찾아갔지만
학교는 변해 있고 강물은 줄었다

남으로 가면 가야산
문경, 무주로 가는 이정표
산과 물이 흐르던
정말 시골집
그 집으로
가고 싶다

5분의 시간 동안

10년의 세월 동안 쌓인 먼지를 치우는데

5분이면 충분하다

작별 인사 5분

사랑 고백 5분

너무 길지 않은 시간 5분

잔별들을 다 헤아리고도 남는 시간

노래 시간 5분

통화 시간 5분

5분 정도에 우리는 결정하고

하루를 살아간다

5분이면 참 긴 시간이다

창문을 열다

저 산 너머 검붉은 노을 지나
흔들리는 별들이 나타난다
사랑한 후에
잊으려 하는 사람에게도
이유도 없이 연락하고 싶은
사람에게도
저 산 너머 산새들은
산책길에 울음이 되어주고
어서 산 너머 오라 한다
노을이 사라지기 전에
후회하지 말고 오라 한다
가도 가도 끝이 없을
산 너머 하늘 위로 오라 한다

붉은 노을 위로 또 구름이 타들어가고
가고 싶은 마음만 붉게 타들어간다

해설

도시를 날아다니는 슈즈

서안나 시인

1. 본능의 역습

앙리 르페브르는 그의 저서 『현대세계의 일상성』*에서 '일상성'에 관한 심도 있는 사유를 풀어놓고 있다. 그는 일상을 소외의 공간으로 규정하고 진보된 과학 기술과 자본의 거대한 흐름과 속도만 남은 거대 도시 공간에서, '일상성'이란 현대인들의 삶을 주도면밀하게 통제하는 힘이라고 지적하고 있다. 인간의 고유한 실존을 휘발시키는 일상은 자본의 특성인 효율성과 합리성이란 대전제하에서 인간을 기계화하고 부품화한다. 인간 존재의 삶의 양

---

*앙리 르페브르, 박정자 역,『현대세계의 일상성』(기파랑, 2005)

태가 파괴되고 물화되어 속도의 정치학에 편입된 도시를 우리는 어떻게 탈주할 것인가?

이 지점에서 이태진 시인의 시집 역시 도시에서 살아가는 현대인의 실존에 관한 물음을 제기하고 있다. 이태진 시인은 두 번째 시집인 『슈즈를 타고』에서 현대인들의 고독과 소외된 삶의 양태를 통해 인간 실존에 관한 진지한 질문을 우리에게 던지고 있다.

1

유리 탈의실에서 옷을 갈아입는 듯
숨길 수 없는 다른 모습을 보여주며 세월이 간다
허공에서 사라지는 울림통의 맥박을 아쉬워하며
몸속에서 슬며시 달아오르는 취기를 앞에 두고서야
마술 장면에 놀라는 기분으로 속고 웃는다

(중략)

3

휴일 저녁 공원에 나온 사람들의 편안한 옷차림
여유 있는 모습들 속에서 지친 나를 잊고자
같은 방향의 움직임으로 걷게 된다
무엇이 나를 이토록 힘들게 하는지
생각하면 기회가 주어질 수 없음에 슬퍼했고

해결할 수 없는 고민이 상처로 남는다

—「심야의 산책」 부분

시적 화자에게 도시란 투명한 "유리 탈의실"과 같이 개인적인 사생활이 여과 없이 노출되는 공간이다. 동시에 "마술 장면"처럼 인간의 존엄성으로 상징되는 심장의 "맥박" 소리가 탈취되어 도시의 화려한 불빛 뒤로 은폐되는 장소적 특성을 지닌다. 시적 화자는 휴일이 되면 공원에 나가 가벼운 산책이나 운동을 한다. 시적 화자는 도시 일상에 "지친" 나를 잊기 위하여 군중들과 "같은 방향"으로 "걷"고 있다. 이때 시적 화자의 "심야의 산책" 행위는 곧 자아를 확인하기 위한 행위인 동시에 내면의 불안감을 떨쳐버리려는 행위와 다름없다. 시적 화자가 경험하는 불안감의 요체는 "성공"의 "기회"를 잡지 못한 현대인들의 처연한 실존의 고통을 내밀하게 감각화하고 있다.

잔인하다는 느낌을

굳이 다르게 표현하자면

여러 가지 단어가 있겠지만

그릇 두 개, 탕 하나

뜨거운 국물에 모든 살을 뜯기고서야

빈 그릇에 뎅그렁

버려지는 뼈다귀만큼이나 할까 생각해본다

뼈다귀 하나 젓가락으로 도려내면서
먹어야 하는 사람과
펄펄 끓여야 하는 요리사와
주방 뒤에 쌓여가는 뼈다귀

우리의 모습이 아닐까 생각해본다

—「빈 그릇 위의 뼈다귀」 전문

시적 화자에게 도시란 참혹성을 배태한 비극적인 곳이기에 "뜨거운 국물에 모든 살을 뜯기고서야/빈 그릇에 뎅그렁/버려지는 뼈다귀"에서도 "잔인"함이란 단어를 연상하고 있다. 그리고 그 비극적인 풍경이 "우리의 모습이 아닐까"라는 직접적 진술을 통해 도시인의 파편화된 삶의 정황과 현대인들의 비극적 자화상을 은유적으로 묘파하고 있다. 이러한 시적 화자의 비극적 인식은 시적 화자로 하여금 주변 대상들을 연민의 시선으로 부감하게 한다. 도시의 "오피스텔에서 자라는 식물" 또한 "혼자서 자라"(「작은 등불이 되고 싶다」)야만 하는 대상으로 그려지고 있다. 이와 같이 도시 공간은 시적 화자로 하여금 "상실감"을 조장하는 공간이며 동시에 권력의 자장 안에 매몰된 공간으로 제시되고 있다.

> 신호등같이 반복되는 피난의 술잔
> 절벽으로 밀어대는 문자들
> 오해의 연속으로 피멍 들고
> 출구 없는 미로 속에 공 하나 떠돈다
>
> 당신도 아픈 사람입니까?
>
> (중략)
>
> 당신은 누구를 만나러 가십니까?
>
> ―「도시의 연민(憐憫)」 부분

도시란 "자신이 마신 술병 속에 마약을 숨기고 편지를 숨기고 권총을 숨기고 기억을 숨기고 립스틱 자국을 숨기"(「많이 본 기사 1」)는 공간이다. 소통이 단절되고, 실존의 고투가 이루어지는 공간이기에 시적 화자의 연민의 감정은 자신에게 혹은 누군가에게 질문을 던진다. "당신은 아픈 사람입니까?" 혹은 "당신은 누구를 만나러 가십니까?"라는 질문을 통해 "오해의 연속으로 피멍 들고/출구 없는 미로 속"인 도시의 소통 단절과 폐쇄성을 날카롭게 비판

하고 있다.

아프리카 메마른 초원에
죽도록 달리는 사슴 한 마리
무리 지어 사자를 공격하지 못할까
바보가 아닐까 고민하다가
한 마리의 사슴을 거울 속에서 발견한다

—「본능」 부분

큰 소를 고삐 하나로
움직이게 하는 것은
익숙해진 습성일까
주인에 대한 복종일까

지극히 평범하고 여린 사람들의 사랑은
꽃을 즐기는 나비들처럼 아름답다

—「연분홍 치마」 부분

「본능」에서는 아프리카 초원에서 사자의 공격으로 죽음을 맞이한 사슴의 이야기를 다루고 있다. 이때 시적 화자가 사슴에게 지니는 안타까운 시선은 타자의 고통의 육화에 있다. 그런데 이때 시적 화자의 연민의 정서는 확장되고 있음을 알 수 있다. 사슴의 죽음이란 사건에서 시적 화자는 타자의 고통의 체화에서 멈추지 않고, 연약하고 힘없는 존재의 "본능"의 힘을 발견하고 이를 통해 역습을 꿈꾸기에 이른다. 시적 화자는 우리에게 과감하게 질문을 던진다. 사슴의 무리는 왜 사자 한 마리를 공격하지 못하는가.

또한, 「연분홍 치마」에서도 덩치가 큰 "소가 고삐에 묶여" 주인에게 맹종하는 사건을 바라보면서 타율적인 힘에 철저하게 복종당하는 현대인들의 습성과 이를 구조화하는 자본의 폭력성에 비판을 가하고 있다. 시적 화자는 그 이유를 "사슴"과 "소"의 습성에서 찾고 있다. 더 나아가 거울 속에 비친 자신의 얼굴에서 야생적인 본능이 제거된 사슴과 소의 모습을 발견하고 있다. 이때 "본능"이란 균열의 원동력이라 할 수 있다. 혼돈이며 고정되지 않은 일탈의 첫 자리이기 때문이다.

늘 새로운 것을 좋아하는 이 녀석은
상대할 것이 못 된다
좀처럼 쉽게 물러서지 않고
뾰족한 끝으로
드르륵드르륵
붉은 냄새, 씻겨 나오는 가루들

약해질수록
주체하지 못하고 끝을 봐야 하는
못된 녀석은 언제나 새로운 날을 세우고
요란한 소리로 씩씩거린다
비열한 녀석을 다루는 것은
무자비한 카인의 후예들

(중략)

돌아오지 못할
육신의 기억만을 남긴 채
숨소리를 내려놓고 하늘로 떠나간다

—「숨소리를 기억해」 부분

「숨소리를 기억해」에서는 면도하는 장면을 그리고 있다. 도시에서 시적 화자의 본능은 쉽게 통제되고 관리되어 제거된다. "늘 새로운 것을 좋아하고" "물러설 줄 모르는" 면도기와 같은 강력한 존재에 의해 "수염"은 피처럼 "붉은 냄새"를 풍기며 "가루"처럼 쉽게 사라지고 만다. 시의 정황상 본능으로 대변되는 "수염"은 "카인의 후예처럼" "비열"하고 무자비한 권력에 의해 관리되는 욕망 혹은 본능으로 그려지고 있다. 이와 같이 시적 화자의 시선은 권력을 선점한 기득권 세력을 추종하기보다, 작고 연약한 존재들에게 가 닿고 있음을 알 수 있다. 이처럼 수동적이고 식물성적인 삶의 방식은 곧 자본주의 시대에 개인이 행하는 자신 만의 속도 만들기라 할 수 있다. 이와 같이 자신만의 삶의 방식에 가치를 두는 시적 화자의 의지는 "뒤에 서기"라는 역동적인 수동성을 지향하게 된다.

2. 세계를 나는 양탄자 혹은 슈즈

줄을 서면 늘 뒤에 서는 아이가 있었다
앞에 서는 것이 습관이 되지 않아서인지
뒤에만 서는 아이는 조용히 서 있기만 했다

시간이 흘러 어느덧 뒤에 선다는 것이
무엇을 의미하는 것인지 알고 난 후에도
늘 뒤에 있는 것이 편안해보였다

주위의 시선과 관심에서 멀어져가는 것을
왜 그리도 익숙해 하는지
도무지 이해할 수 없었지만
뒤에 선다는 것이 꼭 나쁜 것만이 아니라는 것을
침묵으로 대변하고 있다

—「뒤에 서는 아이」 전문

맹종에 타성화된 자아를 발견한 시적 화자가 취하는 삶의 방식의 태도는 "뒤"에 "서기"이다. "뒤"란 전면이 아닌 배후 혹은 풍경으로 물러앉는 자리이며, 침묵에 가까운 자리이다. "뒤"에 서서 침묵하는 시적 화자의 세상과의 대결 방식은 공격적이고 야성적이기보다는 담담하고 수동적이다. "아이" 혹은 "소년"과 같은 수동적인 대결 방식은 어디에서 출발하는가? 이러한 소극성은 「슈즈를 타고」에서 구두를 닦아 광을 내는 소극적 행위와 궤를 같이하여 "슈즈"를 "타고 날아가는" 유연한 상상력으로 확장된다.

슈즈 광택을 내기 위한 다양한 방법을 연구하는 것은
작은 발이 어색해 보여서일까
상실감에 대한 역설일까 생각해보다가
어느 순간, 광택은 계급과도 같다는 생각에
거리의 신발을 유심히 살펴보다가
신발은 언제나 두 개가 하나라는 사실을 알게 되었지
사랑에 목마를수록 광택에 열광하였고
이별이 많을수록 상처투성이 슈즈는 조용히 잊혀 갔어

슬픔을 신발 끈에 묶어두고

군중 속으로 묻히고 싶은 도시에서

구두약을 바르고 마른 헝겊으로

슥삭 슥삭 정성들여 문질러 광택을 내는 일은

사랑하는 사람과

반짝이는 슈즈를 타고

강물 위를 날아가고 싶은 꿈

—「슈즈를 타고」 전문

시집의 표제작이기도 한 「슈즈를 타고」는 유연하고 풍부한 시인의 상상력의 힘을 잘 보여주고 있다. 시에서 흥미로운 점은 "슈즈"가 신발 본래 기능을 벗어나 저항의 상징으로까지 확장되고 있다는 점이다. 일반적으로 "슈즈(구두)"는 그 재료가 가죽이다. 가죽은 곧 살아 있는 동물의 죽음을 의미한다. 동물의 가죽으로 만드는 "슈즈"는 태생부터 강자에 희생된 약자의 죽음의 향기를 지니고 있다. 따라서 "슈즈"는 이미 약육강식의 지배 논리가 구체화된 대상이라 할 수 있다. 일반적으로 "슈즈의 광택을 내기 위한 연구"와 "닦는 행위"를 통해 얻어지는 슈즈의 광택은 성공의 또 다른 상징이며 "계급"적인 힘의 포획을 함의한다.

하지만 시에서 시적 화자가 슈즈를 닦는 이유는 타자의 배제가 아닌 현대인의 상실감과 왜소화된 존재의 결핍을

채워주는 행위로 변주되고 있다. 즉, 시적 화자의 구두를 닦는 행위는 권력 탈취가 아니라 조화로운 삶의 지향점을 가능하게 해주는 매개물이다. 시적 화자에게 있어 슈즈는 자신의 상처가 투사된 대상이며, 끈으로 슬픔을 결박해주는 기능까지 겸비하고 있다. 더 나아가 슈즈는 사랑하는 이와 함께 "꿈의 강물을 건너는" 꿈의 실현 도구이기도 하다. 따라서 시적 화자에게 있어 "슈즈"는 시적 화자의 내면이 투사된 상징물이며 시적 화자의 의지 표출이며 삶의 지향성을 드러내는 대상이다.

3. 심해의 고요한 위로

시적 화자에게 슈즈가 도시 공간의 비의를 발설하고, 그곳을 탈주하는 매개물이라면 시적 화자가 슈즈를 타고 도착하기를 열망하는 이상향은 어디인가?

이름 없는 시골길
버스 정거장을 지나
신발에게 미안할 만큼 걷고 있다

검은 고래를 타고 얼마 전
수면 아래로 떠나 행복하다는

소녀에게서 편지가 왔다

도시의 야자수 같은
가로등이 생각난다는 그녀의 말에
한동안 심해의 고요를 떠올렸다

여기는 짐승들로 가득하고
정해놓은 울타리에
갈 곳이 줄어든다

나 같은 사람은
바다가 어울릴 것이다
이런 생각만으로
바다를 향해 가고 있다

아무도 말해주지 않았다는 것에
화내지 말고 욕하지 말고
자기 것만 챙기는 욕심 많은 사람들에게
기분 상하지 말고 험담하지 말고
가는 길에 만족하며

바다 속에서

행복하게 살고 있을
고래와 소녀를 만나
바다 속 이야기를 듣는다면
차가운 물 숨쉬기가 어려워도
참고 견디며 잠수하고 싶다

—「고래와 소녀」 부분

도시란 "짐승들로 가득하고/정해놓은 울타리에/갈 곳이 줄어드는" 곳이다. 약육강식의 논리가 펼쳐지는 도시에서 탈주하여 시적 화자가 도착하려 하는 곳은 "심해의 고요"로 일렁이는 "바다"이다. 시적 화자가 열망하는 "바다"는 심해의 고요가 상처를 치유해주는 공간인 동시에 슈즈 혹은 고래를 타고, "사랑하는 소녀"가 도착해 기다리는 이상향이기도 하다.

시적 화자가 도착하려는 바다는 눈 녹은 강물이 흘러가 당도하는 곳이다. "눈"은 하늘에서 내리지만, 내리면서 타자에게 고통을 주지 않고 흔적도 없이 녹아버리는 자애로운 존재이다. 눈이 녹아 바다로 흘러드는 강물 역시 심해의 고요처럼 부드러운 손바닥의 심성을 지닌 대상이다. 도시의 대척점에 위치한 "눈, 강물, 바다" 등의 공간은 곧 인류애적인 사랑이 펼쳐지는 장인 동시에 사랑이 완성되는 공간임을 알 수 있다. 즉, 시적 화자에게 도시 공간이

소통의 단절과 부재를 통해 상처와 결핍감을 조장한다면, "바다" 혹은 "하늘, 눈, 강, 바다" 등의 자연 공간은 화해와 안주의 공간이며 인류애가 실현되는 공간임을 알 수 있다.

작은 벽 하나에 스며들어 담쟁이가 되었다
구름이 그림자를 가려주는 결전의 그날
흙에서 뿌리로 스며들어
거센 물줄기를 이겨낸다

수직의 힘이 담쟁이 잎을 내리치고
수평의 거센 힘마저 작은 벽을 공격할 때
벽은 담쟁이와 함께했다

긴 폭풍이 지나고 햇살 좋은 아침
벽에 새로운 잎들이 기대어 서고
균열되어가는 벽을 담쟁이들이
막아주었다

어린 담쟁이가 벽에 기대어 숲을 이루었고
들풀들은 따라가지 못했다

벽을 향한 담쟁이의 소명(召命)

적벽대전(赤壁大戰)의 승리보다

위대하고 장엄하다

—「날아라, 담쟁이」 전문

시에 나타나는 "담쟁이"는, "벽의 틈"에 뿌리를 내리고 있다. 일반적으로 담쟁이가 벽 틈에 뿌리를 내리면 벽의 균열이 이전보다 심해지기 마련이다. 그런데 시에 나타난 "담쟁이"는 벽에 균열을 가하는 붕괴의 원인이 아니라 벽의 균열을 봉합하고 있다. 위협적인 "폭풍"에 맞선 담쟁이는 작은 잎들의 힘을 모아 "담쟁이 숲"의 힘으로 폭풍우로부터 작은 벽을 지탱하는 역할을 하고 있다. 성공과 욕망의 달성이 아닌, 시적 화자의 자정 의지를 통해 가녀린 담쟁이 잎들과 함께 폭풍우와 같이 몰아치는 권력의 거대한 힘에 대항하는 의지로 확장되고 있다. 담쟁이 숲의 힘이 "적벽대전(赤壁大戰)"의 승리보다 더 위대하고 장엄한 이유가 여기에 있다.

이와 같이 이태진 시인의 시집에서는 작고 연약한 대상들에 대한 연민과 그 연민의 시선이 세상을 지탱하는 거대한 힘으로 확대되고 있다. 이 거대한 힘의 발견은 타자에 대한 배려와 포옹의 이타성에서 출발한다. 주변과의 조화로운 삶의 방식을 최고의 덕목으로 삼는 시인의 시적 세계관은 타자에 대한 배려와 포옹으로 실존에 대한 불안과 고투의 현실을 극복하려는 의지를 드러내고 있다.

이 도서의 국립중앙도서관 출판시도서목록(CIP)은 서지정보유통지원시스템 홈페이지(http://seoji.nl.go.kr)와 국가자료공동목록시스템(http://www.nl.go.kr/kolisnet)에서 이용하실 수 있습니다.(CIP제어번호: CIP2013021602)

문학의전당 시인선 169

슈즈를 타고

초판 1쇄 인쇄 2013년 11월 11일
초판 1쇄 발행 2013년 11월 18일
지은이 이태진
펴낸이 김석봉
책임편집 이현호
디자인 조동욱
펴낸곳 문학의전당
출판등록 제311-2012-000043호
주소 서울시 은평구 연서로11길 7-5 401호
편집실 서울시 마포구 공덕2동 404 풍림VIP빌딩 413호
전화 02-852-1977
팩스 02-852-1978
블로그 http://blog.naver.com/mhjd2003
전자우편 sbpoem@naver.com

ISBN 978-89-98096-53-3 03810